書き込み式

美しいハングル練習帳

―ハングルがきれいに書ける！―

Irisa Nobuhiro
入佐信宏 著

白帝社

はじめに…

アンニョンハセヨ？

この『美しいハングル練習帳』は韓国語を初めて学習する方から、韓国語をある程度学習した方まで、幅広くご利用いただけます。

ハングルをマスターするためのテキストとして

韓国語を初めて学ばれる方は、このテキストにしたがって毎日少しずつ進めていってください。一つ一つの文字を何度も声に出しながら丁寧に書いていけば、自然に無理なくハングルをマスターしていけるでしょう。ハングルを書いて読めるようになれば、韓国語学習の第一段階は終了です。韓国人と流ちょうに話している自分の姿をイメージしながら、ハングルの勉強をがんばってください！

ハングルを美しく書くためのペン習字のテキストとして

以前より、韓国語を勉強している方々から「ハングルペン習字の本ってないの?」というお声をいただいていました。『美しいハングル練習帳』は「ハングルペン習字を習いたい」「ハングルをきれいに書きたい」「韓国語で手紙をきれいに書いてみたい」という方々のためのテキストです。一つ一つの単語や文章を丁寧に何度も真似して書いてみてください。きっと韓国人も驚くほどのきれいなハングルを書けるようになるはずです。ハングルを美しく書けるようになれば、韓国語の勉強もますます楽しくなることでしょう。

本書では、韓国語の文字と単語・日本の地名・日本人の名前・韓国の地名・韓国人の名前・韓国語のあいさつ・手紙でよく使う表現・手紙の書き方・封筒の書き方を練習していきます。

ハングルを美しくのびのびと書けるように練習をがんばってください！

著者

目次

1 ハングルの仕組み

ハングルの構成はローマ字と大変よく似ていて、子音と母音を表す字の組み合わせでできています。例として「きむらまこと(木村誠)」と「たなかはるな(田中春奈)」をハングルとローマ字で表してみましょう。子は「子音」を表す字を、母は「母音」を表す字を表します。

例 きむらまこと(木村誠)

기	무	라	마	코	토
ki	mu	ra	ma	ko	to
子 母	子 母	子 母	子 母	子 母	子 母

例 たなかはるな(田中春奈)

다	나	카	하	루	나
ta	na	ka	ha	ru	na
子 母	子 母	子 母	子 母	子 母	子 母

ローマ字は子音と母音が全て左右(横)に並んでいますが、ハングルは子音と母音が左右(横)に並ぶものと、上下(縦)に並ぶものがあります。次の「나무」は「木」を表す単語です。「나」は左の字が子音を、右の字が母音を表しています。「무」は上の字が子音を、下の字が母音を表しています。

나	무
na	mu
子音 │ 母音	子音 / 母音

2 母音1

それでは、文字の「右」または「下」に書かれる「母音を表す字(母音字母)」を勉強しましょう!

나　　무

na　　mu

子音	母音

子音
母音

1 「あ行(あ・い・う・え・お)」と「や行」の音を表す字母

★字母とは音(母音・子音)を表す字のことです。

「あ行」の音を表す字母	発音	文字の例		「や行」の音を表す字母	発音	文字の例
ㅏ	[a ア]	아	一画加える →	ㅑ	[ya ヤ]	야
ㅓ	[ɔ オ]	어		ㅕ	[yɔ ヨ]	여
ㅗ	[o オ]	오		ㅛ	[yo ヨ]	요
ㅜ	[u ウ]	우		ㅠ	[yu ユ]	유
ㅡ	[ɯ ウ]	으				
ㅣ	[i イ]	이				
ㅐ	[ɛ エ]	애	一画加える →	ㅒ	[yɛ イェ]	얘
ㅔ	[e エ]	에		ㅖ	[ye イェ]	예

※「ㅑ」「ㅕ」「ㅛ」等の発音は、音声記号では「ja」「jɔ」「jo」等と表記しますが、本書では便宜上「ya」「yɔ」「yo」等と表記しています。

実際に「あ行」・「や行」の音を文字として書くときは、上記の文字の例のように「ㅇ(子音がないことを表す)」をつけて書きます。「ㅇ」は母音字母の左に書くものと上に書くものがあります。

② 文字と発音

ここでは韓国で一般的に用いられている順序にしたがって練習していきます。
1～10の「아 야 어 여 오 요 우 유 으 이」の順序は覚えましょう！

※ 練習欄の文字(印刷用)には、「ㅇ」の上部分に点がついていますが、実際に書く時は、点は書く必要はありません。

CD 02

	文字	発音	書き方	練習
1	아	[a ア] 日本語とほぼ同じ	아 中心よりやや下から 止める	つけない 아 아
2	야	[ya ヤ] 日本語とほぼ同じ	야 止める	야 야
3	어	[ɔ オ] 口を縦に 大きく開けて	어 右上に	어 어
4	여	[yɔ ヨ] 口を縦に 大きく開けて	여	여 여
5	오	[o オ] 口をとがらせて	오	오 오
6	요	[yo ヨ] 口をとがらせて	요 やや短く やや長く	요 요

7	우	[u ウ] 口をとがらせて	우 (はらう)	우 우
8	유	[yu ユ] 口をとがらせて	유 (左下にはらう／下にはらう)	유 유
9	으	[ɯ ウ] 口を左右に引っ張るような感じで	으 (そらす)	으 으
10	이	[i イ] 口を左右に引っ張るような感じで	이	이 이

	文字	発音	書き方	練習
11	애	[ɛ エ] 日本語とほぼ同じ	애 (短く／長く)	애 애
12	얘	[yɛ イェ] 口をやや大きく開けて	얘	얘 얘

13	에	[e ェ] 日本語とほぼ同じ	에 短く 長く 右上に	에 에
14	예	[ye イェ] 口を左右に 引っ張るような 感じで	예	예 예

③ 単語を書いてみましょう

CD 03

	発音	意味	練習
아이	[ai] アイ	子供	아이 아이
여유 [餘裕]	[yɔyu] ヨユ	余裕	여유 여유
오이	[oi] オイ	きゅうり	오이 오이
우유 [牛乳]	[uyu] ウユ	牛乳	우유 우유
이유 [理由]	[iːyu] イユ	理由	이유 이유

★ 여유 [餘裕] のように書いてあるものは、漢字語であることを表しています。

3 子音1

① 子音を表す字母

나 무

na mu

子音	母音

子音
母音

それでは、文字の「左」または「上」に書かれる「子音を表す字（子音字母）」を勉強しましょう。

子音字母	語頭		語中	
	発音	文字の例	発音	文字の例
ㄱ	[k] カ行の子音	가 [ka カ]	[g] ガ行の子音	가 [ga ガ]
ㄴ	[n] ナ行の子音	나 [na ナ]	← 語頭と同じ	
ㄷ	[t] タ行の子音	다 [ta タ]	[d] ダ行の子音	다 [da ダ]
ㄹ	[r] ラ行の子音	라 [ra ラ]	← 語頭と同じ	
ㅁ	[m] マ行の子音	마 [ma マ]	← 語頭と同じ	
ㅂ	[p] パ行の子音	바 [pa パ]	[b] バ行の子音	바 [ba バ]
ㅅ	[s/ʃ] サ行の子音	사 [sa サ]	← 語頭と同じ	
ㅇ	[-] 子音がないことを表す	아 [a ア]	← 語頭と同じ	

ㅈ	[tʃ] チャ行の子音	자 [tʃa チャ]	[dʒ] ジャ行の子音	자 [dʒa ジャ]
ㅊ	[tʃʰ] 強く息を出す チャ行の子音	차 [tʃʰa チャ]	← 語頭と同じ	
ㅋ	[kʰ] 強く息を出す カ行の子音	카 [kʰa カ]	← 語頭と同じ	
ㅌ	[tʰ] 強く息を出す タ行の子音	타 [tʰa タ]	← 語頭と同じ	
ㅍ	[pʰ] 強く息を出す パ行の子音	파 [pʰa パ]	← 語頭と同じ	
ㅎ	[h] ハ行の子音	하 [ha ハ]	← 語頭と同じ	

＊発音記号[tʃʰ][kʰ][tʰ][pʰ]等の小さい[ʰ]は激音(息を強く出しながら出す音)であることを表しています。

＊子音字母の名称は、付録(P90~91)を参照して下さい。

＊「語頭」とは単語のはじめに来る場合で、「語中」とは単語の２番目以降に来る場合です。

例 가다 [kada] 行く
(가 ← 語頭　다 ← 語中)

고기 [kogi] 肉
(고 ← 語頭　기 ← 語中)

韓国語には日本語の「が」「だ」「ば」のような濁音を表す文字はありませんが、上記の「ㄱ」「ㄷ」「ㅂ」「ㅈ」の4つは、語頭にある時は濁らず、語中に来たときは、自動的に濁って濁音として発音されます。濁音化するのはこの4つだけです。

② 反切表(はんせつひょう)

母音字母(ㅏㅑㅓㅕㅗㅛㅜㅠㅡㅣ)と子音字母(ㄱㄴㄷㄹㅁㅂㅅㅇㅈㅊㅋㅌㅍㅎ)の組み合わせを表した表を「反切表」といいます。韓国の子供たちも初めてハングルを学ぶときはこの表を使って勉強します。韓国語では「반절표(パンジョルピョ)」といいます。

		ㅏ a	ㅑ ya	ㅓ ɔ	ㅕ yɔ	ㅗ o	ㅛ yo	ㅜ u	ㅠ yu	ㅡ ɯ	ㅣ i
ㄱ	k/g	가	갸	거	겨	고	교	구	규	그	기
ㄴ	n	나	냐	너	녀	노	뇨	누	뉴	느	니
ㄷ	t/d	다	댜	더	뎌	도	됴	두	듀	드	디
ㄹ	r	라	랴	러	려	로	료	루	류	르	리
ㅁ	m	마	먀	머	며	모	묘	무	뮤	므	미
ㅂ	p/b	바	뱌	버	벼	보	뵤	부	뷰	브	비
ㅅ	s/ʃ	사	샤	서	셔	소	쇼	수	슈	스	시
ㅇ	-	아	야	어	여	오	요	우	유	으	이
ㅈ	tʃ/dʒ	자	쟈	저	져	조	죠	주	쥬	즈	지
ㅊ	$tʃ^h$	차	챠	처	쳐	초	쵸	추	츄	츠	치
ㅋ	k^h	카	캬	커	켜	코	쿄	쿠	큐	크	키
ㅌ	t^h	타	탸	터	텨	토	툐	투	튜	트	티
ㅍ	p^h	파	퍄	퍼	펴	포	표	푸	퓨	프	피
ㅎ	h	하	햐	허	혀	호	효	후	휴	흐	히

③ 文字と発音

①子音(字母)を母音(字母)の左に書く(ㅏ・ㅑ・ㅣ・ㅐ・ㅔ の左側に書く場合)

CD 04

	文字	発音	書き方	練習
1	가	[ka カ / ga ガ] 日本語とほぼ同じ	가 はらう	가 가
2	나	[na ナ] 日本語とほぼ同じ	나 右上に	나 나
3	다	[ta タ / da ダ] 日本語とほぼ同じ	다 右上に	다 다
4	라	[ra ラ] 日本語とほぼ同じ	라 右上に	라 라
5	마	[ma マ] 日本語とほぼ同じ	마	마 마
6	바	[pa パ / ba バ] 日本語とほぼ同じ	바 やや短く	바 바
7	사	[sa サ] 日本語とほぼ同じ	사 はらう 止める	사 사

8	아	[a ア] 日本語とほぼ同じ	아	아 아
9	자	[tʃa チャ / dʒa ジャ] 日本語とほぼ同じ	자 はらう 止める	자 자
10	차	[tʃ^{h}a チャ] 息を強く出しながら	차 はらう 止める	차 차
11	카	[k^{h}a カ] 息を強く出しながら	카 右上に はらう	카 카
12	타	[t^{h}a タ] 息を強く出しながら	타 右上に	타 타
13	파	[p^{h}a パ] 息を強く出しながら	파 やや短く 右上に	파 파
14	하	[ha ハ] 日本語とほぼ同じ	하	하 하

これは重要!

上記の表の1～14の「가 나 다 라 마 바 사 아 자 차 카 타 파 하」は日本語の「あ か さ た な は ま や ら わ」に当たるものです。辞書を引くときにも必要ですので、順序を覚えましょう。[가 나 다 라] [마 바 사 아] [자 차 카 타] [파 하] のように4つずつ区切ってリズミカルに読みましょう。

「ㅑ」の場合

갸	냐	댜	랴	먀	뱌	샤	야	쟈	챠	캬	탸	퍄	햐
갸	냐	댜	랴	먀	뱌	샤	야	쟈	챠	캬	탸	퍄	햐

「ㅣ」の場合

기	니	디	리	미	비	시	이	지	치	키	티	피	히
기	니	디	리	미	비	시	이	지	치	키	티	피	히

「ㅐ」の場合

개	내	대	래	매	배	새	애	재	채	캐	태	패	해
개	내	대	래	매	배	새	애	재	채	캐	태	패	해

「ㅒ」の場合

걔	냬	댸	럐	먜	뱨	섀	얘	쟤	챼	컈	턔	퍠	햬
걔	냬	댸	럐	먜	뱨	섀	얘	쟤	챼	컈	턔	퍠	햬

② 子音(字母)を母音(字母)の左に書く(ㅓ・ㅕ・ㅔ・ㅖ の左側に書く場合)

CD 05

	文字	発音	書き方	練習
1	거	[kɔ コ/gɔ ゴ] 口を縦に大きく開けて	거	거 거
2	너	[nɔ ノ] 口を縦に大きく開けて	너	너 너
3	더	[tɔ ト/dɔ ド] 口を縦に大きく開けて	더	더 더
4	러	[rɔ ロ] 口を縦に大きく開けて	러	러 러
5	머	[mɔ モ] 口を縦に大きく開けて	머	머 머
6	버	[pɔ ポ/bɔ ボ] 口を縦に大きく開けて	버	버 버
7	서	[sɔ ソ] 口を縦に大きく開けて	서	서 서

8	어	[ɔ オ] 口を縦に 大きく開けて	어	어 어
9	저	[tʃɔ チョ/dʒɔ ジョ] 口を縦に 大きく開けて	저	저 저
10	처	[tʃʰɔ チョ] 口を縦に 大きく開けて(激音)	처	처 처
11	커	[kʰɔ コ] 口を縦に 大きく開けて(激音)	커	커 커
12	터	[tʰɔ ト] 口を縦に 大きく開けて(激音)	터	터 터
13	퍼	[pʰɔ ポ] 口を縦に 大きく開けて(激音)	퍼	퍼 퍼
14	허	[hɔ ホ] 口を縦に 大きく開けて	허	허 허

「ㅕ」の場合

겨	녀	뎌	려	며	벼	셔	여	져	쳐	켜	텨	펴	혀
겨	녀	뎌	려	며	벼	셔	여	져	쳐	켜	텨	펴	혀

「ㅔ」の場合

게	네	데	레	메	베	세	에	제	체	케	테	페	헤
게	네	데	레	메	베	세	에	제	체	케	테	페	헤

「ㅖ」の場合

계	녜	뎨	례	몌	볘	셰	예	졔	쳬	켸	톄	폐	혜
계	녜	뎨	례	몌	볘	셰	예	졔	쳬	켸	톄	폐	혜

③ 子音(字母)を母音(字母)の上に書く(ㅗ・ㅛ の上に書く場合)

CD 06

	文字	発音	書き方	練習
1	고	[ko コ/go ゴ] 口をとがらせて	고 下に	고 고
2	노	[no ノ] 口をとがらせて	노 小し右上り	노 노
3	도	[to ト/do ド] 口をとがらせて	도 小し右上り	도 도
4	로	[ro ロ] 口をとがらせて	로 小し右上り	로 로
5	모	[mo モ] 口をとがらせて	모	모 모
6	보	[po ポ/bo ボ] 口をとがらせて	보	보 보
7	소	[so ソ] 口をとがらせて	소 止める	소 소

8	오	[o オ] 口をとがらせて	오	오 오
9	조	[tʃo チョ/dʒo ジョ] 口をとがらせて	조 止める	조 조
10	초	[tʃʰo チョ] 口をとがらせて (激音)	초 止める	초 초
11	코	[kʰo コ] 口をとがらせて (激音)	코 下に	코 코
12	토	[tʰo ト] 口をとがらせて (激音)	小し右上り 토	토 토
13	포	[pʰo ポ] 口をとがらせて (激音)	포	포 포
14	호	[ho ホ] 口をとがらせて	호	호 호

「ㅛ」の場合

교	뇨	됴	료	묘	뵤	쇼	요	죠	쵸	쿄	툐	표	효
교	뇨	됴	료	묘	뵤	쇼	요	죠	쵸	쿄	툐	표	효

④ 子音(字母)を母音(字母)の上に書く(ㅜ・ㅠ・ㅡ の上に書く場合)

CD 07

	文字	発音	書き方	練習
1	구	[ku ク/gu グ] 口をとがらせて	구	구 구
2	누	[nu ヌ] 口をとがらせて	누	누 누
3	두	[tu トゥ/du ドゥ] 口をとがらせて	두	두 두
4	루	[ru ル] 口をとがらせて	루	루 루
5	무	[mu ム] 口をとがらせて	무	무 무
6	부	[pu プ/bu ブ] 口をとがらせて	부	부 부
7	수	[su ス] 口をとがらせて	수 (止める)	수 수

8	우	[u ウ] 口をとがらせて	우	우 우
9	주	[tʃu チュ/dʒu ジュ] 口をとがらせて	주	주 주
10	추	[tʃ^{h}u チュ] 口をとがらせて (激音)	추	추 추
11	쿠	[k^{h}u ク] 口をとがらせて (激音)	右上に 쿠	쿠 쿠
12	투	[t^{h}u トゥ] 口をとがらせて (激音)	투	투 투
13	푸	[p^{h}u プ] 口をとがらせて (激音)	푸	푸 푸
14	후	[hu フ] 口をとがらせて	후	후 후

「ㅠ」の場合

규	뉴	듀	류	뮤	뷰	슈	유	쥬	츄	큐	튜	퓨	휴
규	뉴	듀	류	뮤	뷰	슈	유	쥬	츄	큐	튜	퓨	휴

「ㅡ」の場合

그	느	드	르	므	브	스	으	즈	츠	크	트	프	흐
그	느	드	르	므	브	스	으	즈	츠	크	트	프	흐

④ 反切表を書いてみましょう

		ㅏ a	ㅑ ya	ㅓ ɔ	ㅕ yɔ	ㅗ o	ㅛ yo	ㅜ u	ㅠ yu	ㅡ ɯ	ㅣ i
ㄱ	k/g	가	갸	거	겨	고	교	구	규	그	기
ㄴ	n	나	냐	너	녀	노	뇨	누	뉴	느	니
ㄷ	t/d	다	댜	더	뎌	도	됴	두	듀	드	디
ㄹ	r	라	랴	러	려	로	료	루	류	르	리
ㅁ	m	마	먀	머	며	모	묘	무	뮤	므	미
ㅂ	p/b	바	뱌	버	벼	보	뵤	부	뷰	브	비
ㅅ	s/ʃ	사	샤	서	셔	소	쇼	수	슈	스	시
ㅇ	–	아	야	어	여	오	요	우	유	으	이
ㅈ	tʃ/dʒ	자	쟈	저	져	조	죠	주	쥬	즈	지
ㅊ	$tʃ^h$	차	챠	처	쳐	초	쵸	추	츄	츠	치
ㅋ	k^h	카	캬	커	켜	코	쿄	쿠	큐	크	키
ㅌ	t^h	타	탸	터	텨	토	툐	투	튜	트	티
ㅍ	p^h	파	퍄	퍼	펴	포	표	푸	퓨	프	피
ㅎ	h	하	햐	허	혀	호	효	후	휴	흐	히

発音の達人：濁音化

韓国語には日本語の「が」「だ」「ば」のような濁音を表す文字はありませんが、濁音を表す方法はあります。それが濁音化です。「ㄱ」「ㄷ」「ㅂ」「ㅈ」の4つは、語頭（単語の最初）にある時は濁りませんが、語中（単語の2番目以降）に来たときは、濁って濁音として読みます。濁音化するのはこの4つだけです。

濁音化する子音字母

子音字母	語頭		語中	
	発　音	文字の例	発　音	文字の例
ㄱ	[k]	가수 [kasu カス] 歌手	[g]	휴가 [hyuga ヒュガ] 休暇
ㄷ	[t]	다리 [tari タリ] 橋	[d]	바다 [pada パダ] 海
ㅂ	[p]	버스 [pɔsɯ ポス] バス	[b]	아버지 [abɔdʒi アボジ] 父
ㅈ	[tʃ]	지하 [tʃiha チハ] 地下	[dʒ]	바지 [padʒi パジ] ズボン

⑤ 単語を書いてみましょう

1 「ㄱ」で始まる単語　*「ㄱ」は語頭では[k]、語中では[g]で発音されます。　CD 08

	発音	意味	練習			
가구 [家具]	[kagu] カグ	家具	가구	가구		
가수 [歌手]	[kasu] カス	歌手	가수	가수		
개	[kɛː] ケ	犬	개	개		
고기	[kogi] コギ	肉	고기	고기		
고추	[kotʃʰu] コチュ	唐辛子	고추	고추		
교사 [教師]	[kyoːsa] キョサ	教師	교사	교사		
구두	[kudu] クドゥ	靴	구두	구두		
기사 [記事]	[kisa] キサ	記事	기사	기사		

기차 [汽車]	[kitʃʰa] キチャ	汽車	기차 기차
기타	[kitʰaː] キタ	ギター	기타 기타

2 「ㄴ」で始まる単語 ★「ㄴ」は[n]で発音されます。 CD 09

	発音	意味	練習
나	[na] ナ	私・俺	나 나
나라	[nara] ナラ	国	나라 나라
나무	[namu] ナム	木	나무 나무
노래	[norɛ] ノレ	歌	노래 노래
노트	[noːtʰɯ] ノトゥ	ノート	노트 노트
누구	[nugu] ヌグ	誰	누구 누구
누나	[nuːna] ヌナ	姉	누나 누나
뉴스	[nyuːsɯ] ニュス	ニュース	뉴스 뉴스

3 「ㄷ」で始まる単語 ★「ㄷ」は語頭では[t]、語中では[d]で発音されます。 CD 10

	発音	意味	練習
다리	[tari] タリ	脚・橋	다리 다리
데이트	[teitʰɯ] テイトゥ	デート	데이트 데이트

다리미	[tarimi] タリミ	アイロン	다리미 다리미
도로 [道路]	[toːro] トロ	道路	도로 도로
도시 [都市]	[toʃi] トシ	都市	도시 도시
두부 [豆腐]	[tubu] トゥブ	豆腐	두부 두부

4 「ㄹ」で始まる単語　★「ㄹ」は[r]で発音されます。　CD 11

	発音	意味	練習
라디오	[radio] ラディオ	ラジオ	라디오 라디오
러시아	[rɔʃia] ロシア	ロシア	러시아 러시아
리포트	[ripʰoːtʰɯ] リポトゥ	レポート	리포트 리포트

5 「ㅁ」で始まる単語　★「ㅁ」は[m]で発音されます。　CD 12

	発音	意味	練習
마이크	[maikʰɯ] マイク	マイク	마이크 마이크
매너	[mɛnɔ] メノ	マナー	매너 매너
머리	[mɔri] モリ	頭	머리 머리
모자 [帽子]	[modʒa] モジャ	帽子	모자 모자

6 「ㅂ」で始まる単語

★「ㅂ」は語頭では[p]、語中では[b]で発音されます。 CD 13

	発音	意味	練習
바나나	[panana] パナナ	バナナ	바나나 바나나
바다	[pada] パダ	海	바다 바다
바지	[padʒi] パジ	ズボン	바지 바지
배	[pɛ] ペ	腹 / 梨	배 배
배우 [俳優]	[pɛːu] ペウ	俳優	배우 배우
배추	[pɛːtʃʰu] ペチュ	白菜	배추 배추
버스	[pɔsɯ] ポス	バス	버스 버스
베개	[pegɛ] ペゲ	枕	베개 베개
부모 [父母]	[pumo] プモ	父母	부모 부모
부부 [夫婦]	[pubu] プブ	夫婦	부부 부부
비누	[pinu] ピヌ	石鹸	비누 비누
비디오	[pidio] ピディオ	ビデオ	비디오 비디오

7 「ㅅ」で始まる単語

★「ㅅ」は[s]または[ʃ]で発音されます。 CD 14

	発音	意味	練習
새우	[sɛu] セウ	エビ	새우 새우

세계 [世界]	[seːge] セゲ	世界	세계 세계
세수 [洗手]	[seːsu] セス	洗顔	세수 세수
소	[so] ソ	牛	소 소
소리	[sori] ソリ	音	소리 소리
소주 [燒酒]	[sodʒu] ソジュ	焼酎	소주 소주
수도 [首都]	[sudo] スド	首都	수도 수도
스키	[sɯkʰiː] スキ	スキー	스키 스키
시계 [時計]	[ʃige] シゲ	時計	시계 시계

8 「ㅇ」で始まる単語 ★「ㅇ」は子音がないことを表す記号です。 CD 15

	発音	意味	練習
아내	[anɛ] アネ	妻	아내 아내
아버지	[abɔdʒi] アボジ	お父さん	아버지 아버지
아이	[ai] アイ	子供	아이 아이
아파트	[apʰaːtʰɯ] アパトゥ	マンション	아파트 아파트
야구 [野球]	[yaːgu] ヤグ	野球	야구 야구
야채 [野菜]	[yaːtʃʰɛ] ヤチェ	野菜	야채 야채

얘기	[yɛːgi] イェギ	話	얘기 얘기
어머니	[ɔmɔni] オモニ	お母さん	어머니 어머니
어제	[ɔdʒe] オジェ	昨日	어제 어제
여자 [女子]	[yɔdʒa] ヨジャ	女	여자 여자
예매 [豫賣]	[yeːmɛ] イェメ	前売り	예매 예매
오후 [午後]	[oːhu] オフ	午後	오후 오후
우리	[uri] ウリ	私達	우리 우리
우주 [宇宙]	[uːdʒu] ウジュ	宇宙	우주 우주
우표 [郵票]	[upʰyo] ウピョ	切手	우표 우표
유자 [柚子]	[yudʒa] ユジャ	柚子	유자 유자

9 「ㅈ」で始まる単語　★「ㅈ」は語頭では[tʃ]、語中では[dʒ]で発音されます。 CD 16

	発音	意味	練習
조개	[tʃogɛ] チョゲ	貝	조개 조개
주부 [主婦]	[tʃubu] チュブ	主婦	주부 주부
주사 [注射]	[tʃuːsa] チュサ	注射	주사 주사
주소 [住所]	[tʃuːso] チュソ	住所	주소 주소

주스	[tʃuːsɯ] チュス	ジュース	주스 주스
지도 [地圖]	[tʃido] チド	地図	지도 지도
지하 [地下]	[tʃiha] チハ	地下	지하 지하

10 「ㅊ」で始まる単語

★「ㅊ」は[tʃʰ]で発音されます。

CD 17

	発 音	意 味	練 習
차 [車]	[tʃʰa] チャ	車	차 차
치마	[tʃʰima] チマ	スカート	치마 치마

11 「ㅋ」で始まる単語

★「ㅋ」は[kʰ]で発音されます。

CD 18

	発 音	意 味	練 習
카드	[kʰaːdɯ] カドゥ	カード	카드 카드
카메라	[kʰamera] カメラ	カメラ	카메라 카메라
카페	[kʰapʰe] カペ	カフェ	카페 카페
커피	[kʰɔːpʰi] コピ	コーヒー	커피 커피
케이크	[kʰeikʰɯ] ケイク	ケーキ	케이크 케이크
코	[kʰo] コ	鼻	코 코

12 「ㅌ」で始まる単語

*「ㅌ」は[t^h]で発音されます。 CD 19

	発音	意味	練習
테니스	[t^henisɯ] テニス	テニス	테니스 테니스
토마토	[t^homat^{h}o] トマト	トマト	토마토 토마토
티비	[t^hi:bi:] ティビ	テレビ	티비 티비
티슈	[t^hiʃu] ティシュ	ティッシュ	티슈 티슈

13 「ㅍ」で始まる単語

*「ㅍ」は[p^h]で発音されます。 CD 20

	発音	意味	練習
포도 [葡萄]	[p^hodo] ポド	ぶどう	포도 포도
피아노	[p^hiano] ピアノ	ピアノ	피아노 피아노

14 「ㅎ」で始まる単語

*「ㅎ」は[h]で発音されます。 CD 21

	発音	意味	練習
해	[hɛ] ヘ	太陽	해 해
허리	[hɔri] ホリ	腰	허리 허리
후배 [後輩]	[hu:bɛ] フベ	後輩	후배 후배
휴가 [休暇]	[hyuga] ヒュガ	休暇	휴가 휴가
휴지 [休紙]	[hyudʒi] ヒュジ	ちり紙	휴지 휴지

4 子音 2 ：パッチム (받침)

次の「일」は「日」、「본」は「本」のハングル表記で、「일본」は「日本」を表す単語です。「일」は「이」の下に「ㄹ」を、「본」は「보」の下に「ㄴ」をつけた文字です。このように、ハングルには、子音(字母)と母音(字母)の組み合わせの下にさらに子音(字母)が来るものがあります。その子音(字母)を「パッチム」といいます。パッチムには下敷という意味があります。パッチムはハングルでは「받침」と書きます。

일	본
il	bon
子音 母音 / 子音	子音 / 母音 / 子音
↑ パッチム	↑ パッチム

それでは、「パッチムを表す字(子音字母)」と発音を勉強しましょう！

① パッチムを表す字母

今まで学習した子音字母はすべてパッチムになることができます。

＊パッチム部分の発音を日本語で表すことはかなり困難です。本書では発音の参考となるように発音記号の横にカタカナ表記も併記しましたが（例：[mul　ムル]）、実際の発音とはやや違いがありますので、CDを利用して正確な発音をマスターしてください。

パッチム	発 音	文字の例	意 味	発 音
ㄱ	[^{k}] 「gakkou (がっこう)」の「gak」の音	목	首	[mo^k モク] 「mokkou(もっこう)」の「mok」の音
ㄴ	[n] 「annai (あんない)」の「an」の音	산	山	[san サン] 最後に舌の先を上の歯茎の裏につける

ㄷ	[ᵗ] 「otto(夫)」の 「ot」の音	곧	すぐに	[koᵗ　コッ] 最後に舌の先を上の歯茎の裏につける
ㄹ	[l] 英語「call」の「l」の音	물	水	[mul　ムル] 最後に舌の先を上の歯茎の裏につける
ㅁ	[m] 「samma(さんま)」の 「sam」の音	몸	体	[mom　モム] 最後に口を閉じる
ㅂ	[ᵖ] 「ippai(いっぱい)」の 「ip」の音	밥	ご飯	[paᵖ　パプ] 最後に口を閉じる
ㅅ	[ᵗ] パッチム「ㄷ」と同じ	옷	服	[oᵗ　オッ] 最後に舌の先を上の歯茎の裏につける
ㅇ	[ŋ] 「kangaeru(かんがえる)」の 「kan」の音	방	部屋	[paŋ　パン] 「パ」の口の形のまま「ン」と発音
ㅈ	[ᵗ] パッチム「ㄷ」と同じ	낮	昼	[naᵗ　ナッ] 最後に舌の先を上の歯茎の裏につける
ㅊ	[ᵗ] パッチム「ㄷ」と同じ	빛	光	[piᵗ　ピッ] 最後に舌の先を上の歯茎の裏につける
ㅋ	[ᵏ] 「gakkou(がっこう)」の 「gak」の音	부엌	台所	[puɔᵏ　プオク] 最後を[k]で止める
ㅌ	[ᵗ] パッチム「ㄷ」と同じ	밑	下	[miᵗ　ミッ] 最後に舌の先を上の歯茎の裏につける
ㅍ	[ᵖ] 「ippai(いっぱい)」の 「ip」の音	무릎	ひざ	[murɯᵖ　ムルプ] 最後に口を閉じる
ㅎ	[ᵗ] パッチム「ㄷ」と同じ	히읗	「ㅎ」の名称	[hiɯᵗ　ヒウッ] 最後に舌の先を上の歯茎の裏につける

＊[moᵏ　モク][koᵗ　コッ][paᵖ　パプ]の小さい[ᵏ][ᵗ][ᵖ]は、最後の音を破裂させないことを表しています。（英語のcook、cat、popなどの[k,t,p]は最後の音を破裂させて発音する音です。）

まとめ パッチムの発音は７種類のみです。

発音	字 母
[ᵏ]	ㄱ ㅋ
[n]	ㄴ
[ᵗ]	ㄷ ㅅ ㅈ ㅊ ㅌ ㅎ
[l]	ㄹ
[m]	ㅁ
[ᵖ]	ㅂ ㅍ
[ŋ]	ㅇ

② 単語を書いてみましょう

1 「ㄱ」パッチムのある単語　発音のポイント 「ㄱ」パッチムは「ク」ではなく「k」で止める！ CD 22

	発 音	意 味	練 習			
가족 [家族]	[kadʒoᵏ] カジョク	家族	가족	가족		
목	[moᵏ] モク	首	목	목		
책 [册]	[tʃʰɛᵏ] チェック	本	책	책		

2 「ㄴ」パッチムのある単語

発音のポイント 「ㄴ」パッチムは舌の先を上の歯茎の裏につけて!

	発音	意味	練習		
눈	[nun] ヌン	目	눈	눈	
사진 [寫眞]	[sadʒin] サジン	写真	사진	사진	
손	[son] ソン	手	손	손	
시간 [時間]	[ʃiːgan] シガン	時間	시간	시간	
안내 [案內]	[aːnnɛ] アンネ	案内	안내	안내	
애인 [愛人]	[ɛːin] エイン	恋人	애인	애인	
언니	[ɔnni] オンニ	お姉さん	언니	언니	
에어컨	[eɔkʰɔn] エオコン	エアコン	에어컨	에어컨	
친구 [親舊]	[tʃʰingu] チング	友達	친구	친구	
편지 [便紙]	[pʰyɔːndʒi] ピョンジ	手紙	편지	편지	
한국 [韓國]	[haːnguᵏ] ハングク	韓国	한국	한국	

CD 24

3 「ㄷ」パッチムのある単語

発音のポイント 「ㄷ」パッチムは舌の先を上の歯茎の裏につけて!

	発音	意味	練習		
곧	[koᵗ] コッ	すぐに	곧	곧	

CD 25

4 「ㄹ」パッチムのある単語

発音のポイント 「ㄹ」パッチムは舌の先を上の歯茎の裏につけて!

	発音	意味	練習		
갈비	[kalbi] カルビ	カルビ	갈비	갈비	
귤	[kyul] キュル	みかん	귤	귤	
마늘	[manɯl] マヌル	ニンニク	마늘	마늘	
물	[mul] ムル	水	물	물	
서울	[sɔul] ソウル	ソウル	서울	서울	
아들	[adɯl] アドゥル	息子	아들	아들	
온돌 [溫突]	[ondol] オンドル	オンドル	온돌	온돌	
일본 [日本]	[ilbon] イルボン	日本	일본	일본	
지하철 [地下鐵]	[tʃihatʃʰɔl] チハチョル	地下鉄	지하철	지하철	
팔	[pʰal] パル	腕	팔	팔	
한글	[hangɯl] ハングル	ハングル	한글	한글	
할머니	[halmɔni] ハルモニ	おばあさん	할머니	할머니	
호텔	[hotʰel] ホテル	ホテル	호텔	호텔	

5 「ㅁ」パッチムのある単語

発音のポイント 「ㅁ」パッチムは口をしっかり閉じて!

CD 26

	発音	意味	練習
김치	[kimtʃʰi] キムチ	キムチ	김치 김치
남자 [男子]	[namdʒa] ナムジャ	男	남자 남자
남편 [男便]	[nampʰyɔn] ナムピョン	夫	남편 남편
마음	[mawm] マウム	心	마음 마음
매점 [賣店]	[mɛːdʒɔm] メジョム	売店	매점 매점
침대 [寢臺]	[tʃʰiːmdɛ] チムデ	ベッド	침대 침대

6 「ㅂ」パッチムのある単語

発音のポイント 「ㅂ」パッチムは口をしっかり閉じて!

CD 27

	発音	意味	練習
밥	[paᵖ] パプ	ご飯	밥 밥
입	[iᵖ] イプ	口	입 입
집	[tʃiᵖ] チプ	家	집 집

CD 28

7 「ㅅ」パッチムのある単語

発音のポイント 「ㅅ」パッチムは舌の先を上の歯茎の裏につけて!

	発音	意味	練習
그릇	[kɯrɯᵗ] クルッ	皿	그릇 그릇
옷	[oᵗ] オッ	服	옷 옷

인터넷	[intʰɔneᵗ] イントネッ	インターネット	인터넷 인터넷
자켓	[tʃakʰeᵗ] ジャケッ	ジャケット	자켓 자켓
초콜릿	[tʃʰokʰolliᵗ] チョコリッ	チョコレート	초콜릿 초콜릿

8 「ㅇ」パッチムのある単語　発音のポイント 「ㅇ」パッチムは口を閉じないで「ン」!　CD 29

	発 音	意 味	練 習
가방	[kabaŋ] カバン	かばん	가방 가방
공항 [空港]	[koŋ haŋ] コンハン	空港	공항 공항
냉면 [冷麵]	[nɛŋ myɔn] ネンミョン	冷麵	냉면 냉면
사랑	[saraŋ] サラン	愛	사랑 사랑
시장 [市場]	[ʃiːdʒaŋ] シジャン	市場	시장 시장
형 [兄]	[hyɔŋ] ヒョン	兄	형 형
화장실 [化粧室]	[hwadʒaŋʃil] ファジャンシル	お手洗い	화장실 화장실

CD 30

9 「ㅈ」パッチムのある単語　発音のポイント 「ㅈ」パッチムは舌の先を上の歯茎の裏につけて!

	発 音	意 味	練 習
낮	[naᵗ] ナッ	昼	낮 낮

CD 31

10 「ㅊ」パッチムのある単語　**発音のポイント** 「ㅊ」パッチムは舌の先を上の歯茎の裏につけて!

	発音	意味	練習
빛	[piᵗ] ピッ	光	빛　빛

11 「ㅋ」パッチムのある単語　**発音のポイント** 「ㅋ」パッチムは「ク」ではなく「k」で止める!　CD 32

	発音	意味	練習
부엌	[puɔᵏ] プオク	台所	부엌 부엌

CD 33

12 「ㅌ」パッチムのある単語　**発音のポイント** 「ㅌ」パッチムは舌の先を上の歯茎の裏につけて!

	発音	意味	練習
밭	[paᵗ] パッ	畑	밭　밭

13 「ㅍ」パッチムのある単語　**発音のポイント** 「ㅍ」パッチムは口をしっかり閉じて!　CD 34

	発音	意味	練習
무릎	[murɯᵖ] ムルプ	ひざ	무릎 무릎
숲	[suᵖ] スップ	森	숲　숲

CD 35

14 「ㅎ」パッチムのある単語　**発音のポイント** 「ㅎ」パッチムは舌の先を上の歯茎の裏につけて!

	発音	意味	練習
히읗	[hiɯᵗ] ヒウッ	「ㅎ」の名称	히읗 히읗

5 母音2

① 「わ行(わ・うぃ・うぇ・うぉ)」の音を表す字母

組み合わせ		字 母	発 音	文字の例
ㅗ + ㅏ	➡	ㅘ	[wa ワ] 口をとがらせて	와
ㅗ + ㅐ	➡	ㅙ	[wɛ ウェ] 口をとがらせて	왜
ㅗ + ㅣ	➡	ㅚ	[we ウェ] 口をとがらせて	외
ㅜ + ㅓ	➡	ㅝ	[wɔ ウォ] 口をとがらせて	워
ㅜ + ㅔ	➡	ㅞ	[we ウェ] 口をとがらせて	웨
ㅜ + ㅣ	➡	ㅟ	[wi ウィ] 口をとがらせて	위

＊実際に「わ行(わ・うぃ・うぇ・うぉ)」の音を文字として書くときは、上記の文字の例のように「ㅇ(子音がないことを表す)」をつけて書きます。

② 二重母音を表す字母

組み合わせ		字 母	発 音	文字の例
ㅡ + ㅣ	➡	ㅢ	[ɯi ウイ] 口を横に引っ張ったまま「ウ」、その後すぐに「イ」	의

＊実際に文字として書くときは、上記の文字の例のように「ㅇ(子音がないことを表す)」をつけて書きます。

「의」の発音

① 語頭では	[ɯi ウイ]	例 의사 [ɯisa ウイサ]	医者
② 助詞「の」として	[e エ]	例 나의 [nae ナエ]	私の
③ それ以外(語中)	[i イ]	例 회의 [hwei フェイ]	会議

③ 文字と発音

CD 36

	文 字	発 音	書き方	練 習
1	와	[wa ワ] 口をとがらせて	와 (右上に)	와 와
2	왜	[wɛ ウェ] 口をとがらせて	왜 (短く 長く 右上に)	왜 왜
3	외	[we ウェ] 口をとがらせて	외 (右上に)	외 외

4	워	[wɔ ウォ] 口をとがらせて	워	워 워
5	웨	[we ウェ] 口をとがらせて	웨	웨 웨
6	위	[wi ウィ] 口をとがらせて	위	위 위
7	의	[ɯi ウイ] 口を横に引っ張ったまま	의	의 의

④ 単語を書いてみましょう。

1 「와」のある単語

CD 37

	発音	意味	練習
과자 [菓子]	[kwadʒa] クァジャ	お菓子	과자 과자
교과서 [教科書]	[kyoːgwasɔ] キョグァソ	教科書	교과서 교과서
사과 [沙果]	[sagwa] サグァ	りんご	사과 사과
와인	[wain] ワイン	ワイン	와인 와인

2 「왜」のある単語

CD 38

	発音	意味	練習
돼지	[twɛːdʒi] トゥエジ	豚	돼지 돼지
왜	[wɛː] ウェ	なぜ	왜 왜

3 「외」のある単語

CD 39

	発音	意味	練習
교회 [教會]	[kyoːhwe] キョフェ	教会	교회 교회
외교 [外交]	[weːgyo] ウェギョ	外交	외교 외교
외국 [外國]	[weːgu^{k}] ウェーグク	外国	외국 외국
최고 [最高]	[tʃ^{h}weːgo] チェゴ	最高	최고 최고
해외 [海外]	[hɛːwe] ヘウェ	海外	해외 해외
회 [膾]	[hweː] フェ	刺身	회 회
회사 [會社]	[hweːsa] フェサ	会社	회사 회사

4 「워」のある単語

CD 40

	発音	意味	練習
샤워	[ʃawɔ] ジャウォ	シャワー	샤워 샤워
원	[wɔn] ウォン	ウォン（韓国の貨幣単位）	원 원

5 母音2・・・・・

5 「웨」のある単語

CD 41

	発音	意味	練習
스웨터	[sɯwet^{h}ɔ] スウェト	セーター	스웨터 스웨터
웨이터	[weit^{h}ɔ] ウェイト	ウェイター	웨이터 웨이터

6 「위」のある単語

CD 42

	発音	意味	練習
가위	[kawi] カウィ	はさみ	가위 가위
귀	[kwi] クィ	耳	귀 귀
위	[wi] ウィ	上	위 위
쥐	[tʃwi] チュィ	ねずみ	쥐 쥐
취미［趣味］	[tʃ^{h}wiːmi] チュィミ	趣味	취미 취미

7 「의」のある単語

CD 43

	発音	意味	練習
의사［醫師］	[ɯisa] ウイサ	医者	의사 의사
의자［椅子］	[ɯidʒa] ウイジャ	椅子	의자 의자
의미［意味］	[ɯiːmi] ウイミ	意味	의미 의미
주의［注意］	[tʃuːi] チュイ	注意	주의 주의
회의［會議］	[hweːi] フェイ	会議	회의 회의

6 子音3

① 濃音を表す字母

濃音は日本語にはない音で、喉を緊張させて(喉の奥をしめるような感じで)出す音です。日本語の促音(「が**っか**り」「あっ**さ**り」「まっ**た**く」「やっ**ぱ**り」などの小さい「っ」の音)の後に来る「**か**」「**さ**」「**た**」「**ぱ**」の音に似ています。前に小さい「っ」があるつもりで、「っ」で音をためるようにして発音したらいいでしょう。発音記号の「ʔ」はその音が濃音として発音されることを表しています。

字 母	発 音	文字の例	日本語の似た音
ㄲ	[ʔk] 「gakkari (ガッカリ)」の「gakkari」に似た音	까 [ʔka カ]	がっかり いっかい ばっかり
ㄸ	[ʔt] 「yuttari (ユッタリ)」の「yuttari」に似た音	따 [ʔta タ]	ゆったり まったく めったに
ㅃ	[ʔp] 「yappari (ヤッパリ)」の「yappari」に似た音	빠 [ʔpa パ]	やっぱり さっぱり らっぱ
ㅆ	[ʔs / ʔʃ] 「assari (アッサリ)」の「assari」に似た音	싸 [ʔsa サ]	あっさり きっさてん さっさと
ㅉ	[ʔtʃ] 「hettyara (ヘッチャラ)」の「hettyara」に似た音	짜 [ʔtʃa チャ]	へっちゃら うっちゃり

② 文字と発音

●子音字母(ㄲ・ㄸ・ㅃ・ㅆ・ㅉ) ＋ 母音字母(ㅏ・ㅓ・ㅗ・ㅜ)

CD 44

	文字	発音	書き方	練習
ㄲ	까	[ˀka カ] 「ガッカリ」の「カ」	까	까 까
ㄲ	꺼	[ˀkɔ コ] 口を縦に大きく開いて	꺼	꺼 꺼
ㄲ	꼬	[ˀko コ] 「ガッコウ」の「コ」 口をとがらせて	꼬	꼬 꼬
ㄲ	꾸	[ˀku ク] 「ユックリ」の「ク」 口をとがらせて	꾸	꾸 꾸
ㄸ	따	[ˀta タ] 「ヤッタ」の「タ」	따	따 따
ㄸ	떠	[ˀtɔ ト] 口を縦に大きく開いて	떠	떠 떠
ㄸ	또	[ˀto ト] 「ウットリ」の「ト」 口をとがらせて	또 止める	또 또

	뚜	[ˀtu トゥ] 口をとがらせて	뚜	뚜 뚜
ㅃ	빠	[ˀpa パ] 「ヤッパリ」の「パ」	빠	빠 빠
ㅃ	뻐	[ˀpɔ ポ] 口を縦に大きく 開いて	뻐	뻐 뻐
ㅃ	뽀	[ˀpo ポ] 「スッポン」の「ポ」 口をとがらせて	뽀	뽀 뽀
ㅃ	뿌	[ˀpu プ] 「イップク」の「プ」 口をとがらせて	뿌	뿌 뿌
ㅆ	싸	[ˀsa サ] 「アッサリ」の「サ」	싸 はらう 止める	싸 싸
ㅆ	써	[ˀsɔ ソ] 口を縦に大きく 開いて	써	써 써
ㅆ	쏘	[ˀso ソ] 「コッソリ」の「ソ」 口をとがらせて	쏘 止める	쏘 쏘

ㅉ			
쑤	[ˀsu ス] 「ウッスラ」の「ス」 口をとがらせて	쑤	쑤 쑤
짜	[ˀtʃa チャ] 「ヘッチャラ」の「チャ」	짜	짜 짜
쩌	[ˀtʃɔ チョ] 口を縦に大きく 開いて	쩌 (止める)	쩌 쩌
쪼	[ˀtʃo チョ] 口をとがらせて	쪼	쪼 쪼
쭈	[ˀtʃu チュ] 口をとがらせて	쭈	쭈 쭈

③ 単語を書いてみましょう

1 「ㄲ」のある単語

CD 45

	発 音	意 味	練 習
꽃	[ˀkoᵗ] コッ	花	꽃 꽃
끝	[ˀkɯᵗ] クッ	終わり	끝 끝
아까	[a ˀka] アッカ	さっき	아까 아까

어깨	[ɔˀkɛ] オッケ	肩	어깨 어깨
코끼리	[kʰoˀkiri] コッキリ	ゾウ	코끼리 코끼리

2「ㄸ」のある単語

CD 46

	発音	意味	練習
딸	[ˀtal] タル	娘	딸 딸
떡	[ˀtɔᵏ] トク	もち	떡 떡

3「ㅃ」のある単語

CD 47

	発音	意味	練習
빵	[ˀpaŋ] パン	パン	빵 빵
뼈	[ˀpyɔ] ピョ	骨	뼈 뼈
아빠	[aˀpa] アッパ	パパ	아빠 아빠
오빠	[oˀpa] オッパ	兄	오빠 오빠

4「ㅆ」のある単語

CD 48

	発音	意味	練習
날씨	[nalˀʃi] ナルシ	天気	날씨 날씨
비싸다	[piˀsada] ピッサダ	(値段が) 高い	비싸다 비싸다

쓰레기	[ˀsɯregi] スレギ	ゴミ	쓰레기 쓰레기
씨름	[ˀʃirɯm] シルム	すもう	씨름 씨름
아가씨	[agaˀʃi] アガッシ	お嬢さん	아가씨 아가씨
아저씨	[adʒɔˀʃi] アジョシ	おじさん	아저씨 아저씨

5 「ㅉ」のある単語

CD 49

	発音	意味	練習
가짜 [假－]	[kaːˀtʃa] カッチャ	偽物	가짜 가짜
공짜 [空－]	[koŋˀtʃa] コンチャ	ただ 無料	공짜 공짜
진짜 [眞－]	[tʃinˀtʃa] チンチャ	本物	진짜 진짜
찌개	[ˀtʃigɛ] チゲ	鍋物	찌개 찌개

発音の達人：濃音化

CD 50

[k][t][p]で発音されるパッチム(表1の通り)の次に来る「ㄱ ㄷ ㅂ ㅅ ㅈ」は、濃音(ㄲ ㄸ ㅃ ㅆ ㅉ)で発音されます。

表1

発音	パッチムの字母
[k]	ㄱ ㅋ
[t]	ㄷ ㅅ ㅈ ㅊ ㅌ
[p]	ㅂ ㅍ

例 맥주 (ビール)　　発音 [mɛkdʒu　メクジュ](×)
[mɛk?tʃu　メクチュ](○)

パッチムの発音		発音	意味	練習	
[k]	맥주 [麥酒]	[mɛk?tʃu] メクチュ	ビール	맥주	맥주
	택시	[tʰɛk?ʃi] テクシ	タクシー	택시	택시
	학교 [學校]	[hak?kyo] ハッキョ	学校	학교	학교
[t]	숟가락	[sut?karak] スッカラク	スプーン	숟가락	숟가락
	젓가락	[tʃɔt?karak] チョッカラク	箸	젓가락	젓가락
[p]	덮밥	[tɔp?pap] トプパプ	丼物	덮밥	덮밥
	잡지 [雜誌]	[tʃap?tʃi] チャプチ	雑誌	잡지	잡지

7 日本語の表記

① 日本語の表記法

かな表記	ハングル表記	
	語頭の場合	語中の場合
あ い う え お	아 이 우 에 오	←
か き く け こ	가 기 구 게 고	카 키 쿠 케 코
さ し す せ そ	사 시 스 세 소	←
た ち つ て と	다 지 쓰 데 도	타 치 쓰 테 토
な に ぬ ね の	나 니 누 네 노	←
は ひ ふ へ ほ	하 히 후 헤 호	←
ま み む め も	마 미 무 메 모	←
や ゆ よ	야 유 요	←
ら り る れ ろ	라 리 루 레 로	←
わ を	와 오	←
ん っ		ㄴ ㅅ

が ぎ ぐ げ ご	가 기 구 게 고	←
ざ じ ず ぜ ぞ	자 지 즈 제 조	←
だ ぢ づ で ど	다 지 즈 데 도	←
ば び ぶ べ ぼ	바 비 부 베 보	←
ぱ ぴ ぷ ぺ ぽ	파 피 푸 페 포	←

きゃ きゅ きょ	갸 규 교	캬 큐 쿄
しゃ しゅ しょ	샤 슈 쇼	←
ちゃ ちゅ ちょ	자 주 조	차 추 초
にゃ にゅ にょ	냐 뉴 뇨	←
ひゃ ひゅ ひょ	햐 휴 효	←
みゃ みゅ みょ	먀 뮤 묘	←
りゃ りゅ りょ	랴 류 료	←

ぎゃ ぎゅ ぎょ	갸 규 교	←
じゃ じゅ じょ	자 주 조	←
びゃ びゅ びょ	뱌 뷰 뵤	←
ぴゃ ぴゅ ぴょ	퍄 퓨 표	←

▶ 書き方のポイント

❶ 日本人の名前は名字と下の名前の間を一文字空けます。

❷ 長音は表記不要（「う」「お」による長音）

例 佐藤浩司（さとうこうじ）➡ 사토 코지
大山裕子（おおやまゆうこ）➡ 오야마 유코

❸ 名前に「ん」がある場合はパッチムの「ㄴ」をつけます。

例 神田健治（かんだけんじ）➡ 간다 켄지

❹ 名前に「っ」がある場合はパッチムの「ㅅ」をつけます。

例 服部大介（はっとりだいすけ）➡ 핫토리 다이스케

❺ 語中にある「か行」「た行」は激音で書きます。

例 横田和夫（よこたかずお）➡ 요코타 카즈오

❻ 日本語表記には「쓰(つ)」以外の濃音は用いません。

② 都道府県名

		練習	
홋카이도	北海道	홋카이도	홋카이도
아오모리	青森	아오모리	아오모리
이와테	岩手	이와테	이와테
미야기	宮城	미야기	미야기
아키타	秋田	아키타	아키타
야마가타	山形	야마가타	야마가타
후쿠시마	福島	후쿠시마	후쿠시마
이바라키	茨城	이바라키	이바라키
도치기	栃木	도치기	도치기
군마	群馬	군마	군마
사이타마	埼玉	사이타마	사이타마
지바	千葉	지바	지바
도쿄	東京	도쿄	도쿄
가나가와	神奈川	가나가와	가나가와
야마나시	山梨	야마나시	야마나시

나가노	長野	나가노	나가노
니이가타	新潟	니이가타	니이가타
도야마	富山	도야마	도야마
이시카와	石川	이시카와	이시카와
후쿠이	福井	후쿠이	후쿠이
기후	岐阜	기후	기후
시즈오카	静岡	시즈오카	시즈오카
아이치	愛知	아이치	아이치
미에	三重	미에	미에
시가	滋賀	시가	시가
교토	京都	교토	교토
오사카	大阪	오사카	오사카
효고	兵庫	효고	효고
나라	奈良	나라	나라
와카야마	和歌山	와카야마	와카야마
돗토리	鳥取	돗토리	돗토리

시마네	島根	시마네	시마네
오카야마	岡山	오카야마	오카야마
히로시마	広島	히로시마	히로시마
야마구치	山口	야마구치	야마구치
도쿠시마	徳島	도쿠시마	도쿠시마
가가와	香川	가가와	가가와
에히메	愛媛	에히메	에히메
고치	高知	고치	고치
후쿠오카	福岡	후쿠오카	후쿠오카
사가	佐賀	사가	사가
나가사키	長崎	나가사키	나가사키
구마모토	熊本	구마모토	구마모토
오이타	大分	오이타	오이타
미야자키	宮崎	미야자키	미야자키
가고시마	鹿児島	가고시마	가고시마
오키나와	沖縄	오키나와	오키나와

③ 日本人の名字

		練習	
스즈키	鈴木	스즈키	스즈키
사토	佐藤	사토	사토
다카하시	高橋	다카하시	다카하시
다나카	田中	다나카	다나카
와타나베	渡辺	와타나베	와타나베
고바야시	小林	고바야시	고바야시
이토	伊藤	이토	이토
나카무라	中村	나카무라	나카무라
가토	加藤	가토	가토
사이토	斉藤	사이토	사이토
요시다	吉田	요시다	요시다
야마모토	山本	야마모토	야마모토
야마다	山田	야마다	야마다
시미즈	清水	시미즈	시미즈
기무라	木村	기무라	기무라

사사키	佐々木	사사키	사사키
이시이	石井	이시이	이시이
야마구치	山口	야마구치	야마구치
이노우에	井上	이노우에	이노우에
야마자키	山崎	야마자키	야마자키

8 韓国の地名：行政区域

韓国の国土は、1つの特別市、6つの広域市、9つの道に区分されています。特別市、広域市は道から独立した行政区域です。

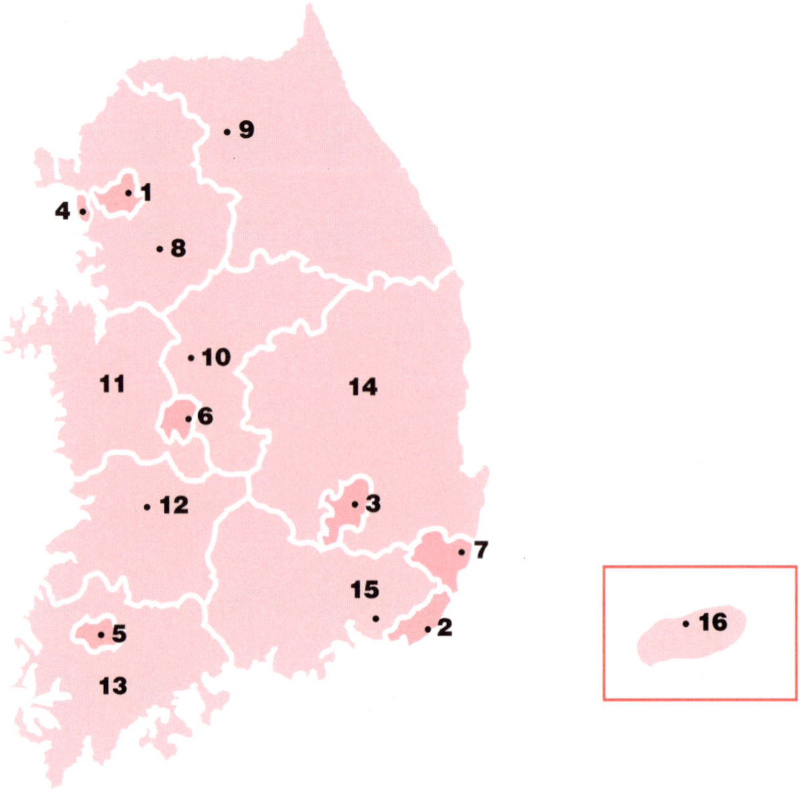

特別市

CD 51

			練習	
1	서울특별시	ソウル特別市	서울특별시	서울특별시

広域市

CD 52

			練習	
2	부산광역시	釜山広域市	부산광역시	부산광역시
3	대구광역시	大邱広域市	대구광역시	대구광역시

4	인천광역시	仁川 広域市	인천광역시	인천광역시
5	광주광역시	光州 広域市	광주광역시	광주광역시
6	대전광역시	大田 広域市	대전광역시	대전광역시
7	울산광역시	蔚山 広域市	울산광역시	울산광역시

道

CD 53

			練 習	
8	경기도	京畿道	경기도	경기도
9	강원도	江原道	강원도	강원도
10	충청북도	忠清北道	충청북도	충청북도
11	충청남도	忠清南道	충청남도	충청남도
12	전라북도	全羅北道	전라북도	전라북도
13	전라남도	全羅南道	전라남도	전라남도
14	경상북도	慶尚北道	경상북도	경상북도
15	경상남도	慶尚南道	경상남도	경상남도
16	제주도	済州道	제주도	제주도

9 韓国人の名前

① 名字ベスト30

*カタカタは一般的な日本語表記です。

1	2	3	4	5	6	7	8	9	10
金	李	朴	趙	姜	崔	鄭	尹	張	林
キム	イ	パク	チョ	カン	チェ	チョン	ユン	チャン	イム
김	이	박	조	강	최	정	윤	장	임
김	이	박	조	강	최	정	윤	장	임

11	12	13	14	15	16	17	18	19	20
韓	呉	申	徐	權	黃	宋	安	柳	洪
ハン	オ	シン	ソ	コン	ファン	ソン	アン	ユ	ホン
한	오	신	서	권	황	송	안	유	홍
한	오	신	서	권	황	송	안	유	홍

21	22	23	24	25	26	27	28	29	30
全	高	孫	文	梁	裵	白	曺	許	南
チョン	コ	ソン	ムン	ヤン	ペ	ペク	チョ	ホ	ナム
전	고	손	문	양	배	백	조	허	남
전	고	손	문	양	배	백	조	허	남

② 男性の名前

*名前の漢字表記は一例で、他の漢字を使う場合もあります。韓国では名前を漢字で書くことはあまりありません。

CD 54

김민준	キム ミンジュン 金旻俊	김민준	김민준	
이현우	イ ヒョヌ 李賢佑	이현우	이현우	
박동현	パク ドンヒョン 朴東泫	박동현	박동현	
조준혁	チョ チュニョク 趙俊奕	조준혁	조준혁	
강민수	カン ミンス 姜旼洙	강민수	강민수	
최도현	チェ ドヒョン 崔導泫	최도현	최도현	
정지훈	チョン ジフン 鄭智薫	정지훈	정지훈	
윤준상	ユン ジュンサン 尹晙商	윤준상	윤준상	
장형준	チャン ヒョンジュン 張亨俊	장형준	장형준	
임순민	イム スンミン 林淳民	임순민	임순민	

③ 女性の名前

CD 55

한소연	ハン ソヨン 韓素妍	한소연	한소연
오민서	オ ミンソ 吳玟序	오민서	오민서
신소현	シン ソヒョン 申昭泫	신소현	신소현
서유진	ソ ユジン 徐瑜珍	서유진	서유진
권민지	コン ミンジ 權玟智	권민지	권민지
황소영	ファン ソヨン 黃昭英	황소영	황소영
송지원	ソン ジウォン 宋智原	송지원	송지원
안수민	アン スミン 安守民	안수민	안수민
유예원	ユ イェウォン 柳叡原	유예원	유예원
홍미나	ホン ミナ 洪美娜	홍미나	홍미나

10 韓国語のあいさつ

CD 56

こんにちは	こんにちは
안녕하십니까?	안녕하세요?
안녕하십니까?	안녕하세요?
안녕하십니까?	안녕하세요?

お疲れ様でした	ありがとうございます
수고하셨습니다.	감사합니다.
수고하셨습니다.	감사합니다.
수고하셨습니다.	감사합니다.

さようなら（お気をつけて）	さようなら（お元気で）
안녕히 가세요.	안녕히 계세요.
안녕히 가세요.	안녕히 계세요.
안녕히 가세요.	안녕히 계세요.

どういたしまして	大丈夫です
천만에요.	괜찮아요.
천만에요.	괜찮아요.
천만에요.	괜찮아요.

はじめまして	お会いできてうれしいです
처음 뵙겠습니다.	반갑습니다.
처음 뵙겠습니다.	반갑습니다.
처음 뵙겠습니다.	반갑습니다.

よろしくお願いします	よろしくお願いいたします
잘 부탁합니다.	잘 부탁드립니다.
잘 부탁합니다.	잘 부탁드립니다.
잘 부탁합니다.	잘 부탁드립니다.

ごめんなさい	申し訳ありません
미안합니다.	죄송합니다.
미안합니다.	죄송합니다.
미안합니다.	죄송합니다.

11 手紙でよく使う表現

CD 57

お久しぶりです

오래간만입니다.

오래간만입니다.

오래간만입니다.

いかがお過ごしですか

어떻게 지내셨습니까?

어떻게 지내셨습니까?

어떻게 지내셨습니까?

お世話になりました

신세를 많이 졌습니다.

신세를 많이 졌습니다.

신세를 많이 졌습니다.

お元気でお過ごしください

몸 건강히 지내세요.

몸 건강히 지내세요.

몸 건강히 지내세요.

それではこれで失礼します

그럼 이만 줄입니다.

그럼 이만 줄입니다.

그럼 이만 줄입니다.

ご両親によろしくお伝えください

부모님께 안부 전해 주세요.

부모님께 안부 전해 주세요.

부모님께 안부 전해 주세요.

明けましておめでとうございます（新年は福多き年でありますように：年賀状）

새해 복 많이 받으십시오.

새해 복 많이 받으십시오.

새해 복 많이 받으십시오.

12 手紙の書き方

① 本文の構成

① 相手が目上の場合

○○○○께　＊目上の人には「께(~に)」をつけます。

例 이민수 선생님께 (イミンス先生へ)
박미나 사장님께 (パクミナ社長へ)

20○○년 12월 3일

○○○○ 드림

＊相手が目上の人の場合は、自分の名前の後ろに「드림(贈呈,拝)」をつけます。

例 사카모토 유미 드림
(坂本由実 拝)

② 相手が友人または目下の場合

○○○○에게　＊友人または目下の人には**「에게(~に)」**をつけます。

例 민구에게　(ミングへ)
미영이에게 (ミヨンへ)

20○○년 12월 3일

○○○○ 가

＊相手が友人または目下の人の場合は、自分の名前の後ろに**「가(〜が)」**をつけます。

例 사카모토 유미 가
(坂本由実より)

② 目上の人に対する手紙（イミンス先生へのお礼状）

韓国滞在中にお世話になった先生にお礼状を書いてみましょう。

CD 58

이민수 선생님께

안녕하세요? 선생님, 그 동안 잘 지내셨는지요?

한국에서 돌아온 지 벌써 한 달이 지났네요. 지금도 가끔 한국에서 있었던 일을 떠올려 보곤 한답니다. 선생님과 함께 서울의 이곳저곳을 찾아 다니며 구경했던 일, 다양한 한국음식을 맛 보았던 일 등, 하루하루가 새로운 경험으로 즐거웠었지요.

한국 방문이 처음이어서 여러가지로 걱정을 많이 했었는데 선생님께서 함께 해 주셔서 안심할 수 있었습니다. 진심으로 감사드립니다. 선생님 덕분에 평생 잊지 못할 좋은 추억을 만들었습니다. 다음에 기회가 된다면 일본에 꼭 한번 와 주십시오. 이번에는 제가 일본의 이곳저곳을 안내해 드리겠습니다.

추운 날씨가 계속되고 있습니다. 아무쪼록 감기 걸리시지 않도록 조심하시고 항상 몸 건강히 지내십시오.

20○○년 12월 3일

사카모토 유미 드림

イミンス先生

こんにちは。先生その後お元気でいらっしゃいますか。

韓国から帰って来てもう一ヶ月になるんですね。今でも時々韓国であったことを思い出したりしています。先生と一緒にソウルのあちこちに行ったこと、いろいろな韓国の食べ物を味わったことなど、毎日が初めての経験で楽しかったです。

韓国を訪問するのは初めてだったのでいろいろ心配しましたが、先生が一緒だったので安心できました。心より感謝申し上げます。先生のおかげで一生忘れることのできないすばらしい思い出を作ることができました。今後機会があれば日本にも是非一度いらして下さい。今度は私が日本のいろんなところをご案内いたします。

寒い日が続いています。どうぞ風邪などひかれませんように気をつけて、いつもお元気でお過ごしください。

20○○年12月3日

坂本由美 拝

イミンス　先生へ

이민수 선생님께

이민수 선생님께

こんにちは。　先生　その後　お元気で

안녕하세요? 선생님, 그 동안 잘

안녕하세요? 선생님, 그 동안 잘

お過ごしですか

지내셨는지요?

지내셨는지요?

韓国から　帰って来て　もう　一ヶ月が

한국에서 돌아온 지 벌써 한 달이

한국에서 돌아온 지 벌써 한 달이

過ぎたんですね。　今でも　時々　韓国で

지났네요. 지금도 가끔 한국에서

지났네요. 지금도 가끔 한국에서

あった　ことを　思い出したりしています。

있었던 일을 떠올려 보곤 한답니다.

있었던 일을 떠올려 보곤 한답니다.

先生と　一緒に　ソウルの　あちこちを

선생님과 함께 서울의 이곳저곳을

선생님과 함께 서울의 이곳저곳을

歩きまわって、　見物した　こと　いろいろな

찾아다니며 구경했던 일, 다양한

찾아다니며 구경했던 일, 다양한

韓国の　食べ物を　味わった　こと　など、

한국 음식을 맛 보았던 일 등,

한국 음식을 맛 보았던 일 등,

毎日が　新しい　経験で

하루하루가 새로운 경험으로

하루하루가 새로운 경험으로

楽しかったです。 韓国を 訪問するのは 初めてだったので

즐거웠었요. 한국 방문이 처음이어서

즐거웠었요. 한국 방문이 처음이어서

いろいろと 心配を ずいぶん しましたが、

여러가지로 걱정을 많이 했었는데

여러가지로 걱정을 많이 했었는데

先生が 一緒 だったので

선생님께서 함께 해 주셔서

선생님께서 함께 해 주셔서

安心できました。

안심할 수 있었습니다.

안심할 수 있었습니다.

心より 感謝申し上げます。 先生の

진심으로 감사드립니다. 선생님

진심으로 감사드립니다. 선생님

おかげで　一生　忘れることのできない　よい　思い出を

덕분에 평생 잊지 못할 좋은 추억을

덕분에 평생 잊지 못할 좋은 추억을

作ることができました。　今後　機会が　あれば

만들었습니다. 다음에 기회가 된다면

만들었습니다. 다음에 기회가 된다면

日本に　是非　一度　いらして下さい。

일본에 꼭 한번 와 주십시오.

일본에 꼭 한번 와 주십시오.

今度は　私が　日本の　いろんなところを

이번에는 제가 일본의 이곳저곳을

이번에는 제가 일본의 이곳저곳을

ご案内　いたします。

안내해 드리겠습니다.

안내해 드리겠습니다.

寒い 日が 続いて います。

추운 날씨가 계속되고 있습니다.

추운 날씨가 계속되고 있습니다.

どうぞ 風邪を ひかれませんように 気を

아무쪼록 감기 걸리시지 않도록 조심

아무쪼록 감기 걸리시지 않도록 조심

つけて、 いつも お元気で お過ごしください。

하시고 항상 몸 건강히 지내십시오.

하시고 항상 몸 건강히 지내십시오.

20○○年 12月 3日

20○○년 12월 3일

20○○년 12월 3일

坂本 由美 拝

사카모토 유미 드림

사카모토 유미 드림

③ 友人または目下の人に対する手紙（友人ミングへのお礼状）

韓国滞在中にお世話になった友人にお礼状を書いてみましょう。

CD 59

민구에게

안녕? 그 동안 잘 지냈어?

한국에서 돌아온 지 벌써 한 달이 지났네. 지금도 가끔 한국에서 있었던 일을 떠올려 보곤 해. 너와 함께 서울의 이곳저곳을 찾아다니며 구경했던 일, 다양한 한국음식을 맛 보았던 일 등, 하루하루가 새로운 경험으로 즐거웠었지.

한국 방문이 처음이어서 여러가지로 걱정을 많이 했었는데 네가 함께 해 줘서 안심할 수 있었어. 정말 고마워. 네 덕분에 평생 잊지 못할 좋은 추억을 만들었어. 다음에 기회가 된다면 일본에 꼭 한번 와 줘. 이번에는 내가 일본의 이곳저곳을 안내해 줄게.

추운 날씨가 계속되고 있어. 감기 안 걸리도록 조심하고 항상 몸 건강히 지내길 바랄게.

20○○년 12월 3일

사카모토 유미 가

ミングへ

こんにちは。その後元気にしてる？

韓国から帰って来てもう一ヶ月になるんだね。今でも時々韓国であったことを思い出したりしてるよ。ミングと一緒にソウルのあちこちに行ったこと、いろいろな韓国の食べ物を味わったことなど、毎日が初めての経験で楽しかったよ。

韓国を訪問するのは初めてだったからいろいろ心配したけど、ミングが一緒だったので安心できたよ。本当にありがとう。おかげで一生忘れることのできないすばらしい思い出を作ることができたよ。今後機会があれば日本にも是非一度来てね。今度はわたしが日本のいろんなところを案内するからね。

寒い日が続いてるから風邪ひかないように気をつけて、いつも元気で過ごしてね。

20○○年12月3日

坂本由美より

ミングへ

민구에게

민구에게

こんにちは。 その後 元気にしてる?

안녕? 그 동안 잘 지냈어?

안녕? 그 동안 잘 지냈어?

韓国から 帰って来て もう 1ヶ月が

한국에서 돌아온 지 벌써 한 달이

한국에서 돌아온 지 벌써 한 달이

過ぎたんだね。 今でも 時々 韓国で

지났네. 지금도 가끔 한국에서

지났네. 지금도 가끔 한국에서

あった ことを 思い出したりしてるよ。

있었던 일을 떠올려 보곤 해.

있었던 일을 떠올려 보곤 해.

ミングと　一緒に　ソウルの　あちこちを

너와 함께 서울의 이곳저곳을

너와 함께 서울의 이곳저곳을

歩きまわって、　見物した　こと　いろいろな

찾아다니며 구경했던 일, 다양한

찾아다니며 구경했던 일, 다양한

韓国の　食べ物を　味わった　こと　など、

한국 음식을 맛 보았던 일 등,

한국 음식을 맛 보았던 일 등,

毎日が　新しい　経験で

하루하루가 새로운 경험으로

하루하루가 새로운 경험으로

楽しかったよ。　韓国を　訪問するのは　初めてだったから

즐거웠었지. 한국 방문이 처음이어서

즐거웠었지. 한국 방문이 처음이어서

いろいろと　心配を　ずいぶん　したけど、
여러가지로 걱정을 많이 했었는데
여러가지로 걱정을 많이 했었는데
ミングが　一緒　だったので
네가 함께 해 줘서
네가 함께 해 줘서
安心できたよ。　本当に　ありがとう。
안심할 수 있었어. 정말 고마워.
안심할 수 있었어. 정말 고마워.
君の　おかげで　一生　忘れることのできない　よい
네 덕분에 평생 잊지 못할 좋은
네 덕분에 평생 잊지 못할 좋은
思い出を　作ることができたよ。　今後　機会が
추억을 만들었어. 다음에 기회가
추억을 만들었어. 다음에 기회가

あれば　日本にも　是非　一度　来てね。

된다면 일본에 꼭 한번 와 줘.

된다면 일본에 꼭 한번 와 줘.

今度は　私が　日本の　いろんなところを

이번에는 내가 일본의 이곳저곳을

이번에는 내가 일본의 이곳저곳을

案内して　あげるからね。

안내해 줄게.

안내해 줄게.

寒い　日が　続いてるね。

추운 날씨가 계속되고 있어.

추운 날씨가 계속되고 있어.

風邪を　ひかないように　気をつけて、　いつも

감기 안 걸리도록 조심하고 항상

감기 안 걸리도록 조심하고 항상

元気で　過ごしてね。

몸 건강히 지내길 바랄게.

몸 건강히 지내길 바랄게.

20○○年 12月 3日

20○○년 12월 3일

20○○년 12월 3일

坂本　由美　より

사카모토 유미 가

사카모토 유미 가

⑬ 封筒の書き方

① 封筒の種類

韓国に手紙を送るときは航空便用の封筒でも、一般の封筒でも構いません。

② 封筒の書き方（例）

106－0047
東京都港区南麻布1-7-〇
坂本 由美
JAPAN
서울시 서초구 방배4동 1-1
현대APT 2-1103
이민수 귀하
KOREA
BY AIR MAIL
137－937

③ 受取人の住所の書き方（韓国側）

ハングルまたはローマ字で書きましょう。（漢字でも可）

① ハングルで書く（当然ですが一番のお勧めはハングル表記です）

서울시 서초구 방배4동1-1
현대APT 2-1103
이민수 귀하
137-937 KOREA

＊「귀하(貴下)」は相手の名前に添える敬称で、「様」の意味です。

② ローマ字で書く（韓国語のローマ字表記法は付録のp94を参照）

Mr. Min Su Lee
Hyundai APT 2-1103, 1-1 Bangbae-4 dong
Seochyeo-ku, Seoul
137-937 KOREA

③ 漢字で書く（漢字でも大丈夫! これが同じ漢字文化圏のありがたいところです）

SEOUL市 瑞草區 方背4洞 1-1
現代 APT 2-1103
李旼洙 貴下
137-937　KOREA

④ 差出人の住所の書き方（日本側）

漢字またはローマ字で書きましょう。（ハングルは不可、日本国内で配達不可の可能性）

① 漢字で書く
（一番のお勧めです。相手が返事を書くときに見やすいように、楷書で丁寧に書きましょう。）

〒 106-0047
東京都港区南麻布1-7-32
坂本 由美
JAPAN

② ローマ字で書く

Yumi Sakamoto
1-7-32, Minamiazabu
Minato-ku, Tokyo
106-0047 JAPAN

付　録

① 母音字母の名称

	名称	読み方の目安
ㅏ	아	ア（口を大きく開けて）
ㅑ	야	ヤ（口を大きく開けて）
ㅓ	어	オ（口を縦に大きく開けて）
ㅕ	여	ヨ（口を縦に大きく開けて）
ㅗ	오	オ（口をとがらせて）
ㅛ	요	ヨ（口をとがらせて）
ㅜ	우	ウ（口をとがらせて）
ㅠ	유	ユ（口をとがらせて）
ㅡ	으	ウ（口を左右に引っ張るような感じで）
ㅣ	이	イ（口を左右に引っ張るような感じで）

※ 母音字母の読み方が名称になっています。

② 子音字母の名称

CD 60

平音／激音	名称	読み方の目安
ㄱ	기역	キヨク
ㄴ	니은	ニウン
ㄷ	디귿	ティグッ
ㄹ	리을	リウル
ㅁ	미음	ミウム
ㅂ	비읍	ピウプ
ㅅ	시옷	シオッ
ㅇ	이응	イウン
ㅈ	지읒	チウッ

ㅊ	치읓	チウッ(「チ」は激音で)
ㅋ	키읔	キウク（「キ」は激音で）
ㅌ	티읕	ティウッ(「ティ」は激音で)
ㅍ	피읖	ピウプ（「ピ」は激音で）
ㅎ	히읗	ヒウッ

※ 子音字母の語頭での読み方とパッチムとしての読み方が名称になっています。

CD 61

濃音	名称	読み方の目安
ㄲ	쌍기역	サン ギヨク
ㄸ	쌍디귿	サン ディグッ
ㅃ	쌍비읍	サン ビウプ
ㅆ	쌍시옷	サン シオッ
ㅉ	쌍지읒	サン ヂウッ

※「쌍」は「双」で「二つ」という意味です。

③ 二重パッチム

CD 62

★二重パッチムとは２つの子音字母からなるパッチムのことです。

二重パッチム	単語	発音	意味	練習
ㄲ	밖	[pa^{k}] パク	外	밖 밖
ㄼ	밟다	[paː^{pʔ}ta] パプタ	踏む	밟다 밟다
ㄳ	삯	[sa^{k}] サク	賃金	삯 삯
ㄵ	앉다	[an^{ʔ}ta] アンタ	すわる	앉다 앉다
ㄶ	않다	[ant^{h}a] アンタ	「지 않다」～しない	않다 않다
ㅄ	없다	[ɔː^{pʔ}ta] オプタ	ない	없다 없다
ㄿ	읊다	[ɯ^{pʔ}ta] ウプタ	詠う	읊다 읊다
ㄺ	읽다	[i^{kʔ}ta] イクタ	読む	읽다 읽다
ㅀ	잃다	[ilt^{h}a] イルタ	失う	잃다 잃다
ㅆ	있다	[i^{tʔ}ta] イッタ	ある	있다 있다
ㄻ	젊다	[tʃɔːm^{ʔ}ta] チョムタ	若い	젊다 젊다
ㄾ	핥다	[hal^{ʔ}ta] ハルタ	なめる	핥다 핥다

④ 楷書による手紙の例

이민수 선생님께

안녕하세요? 선생님, 그 동안 잘 지내셨는지요?

한국에서 돌아온 지 벌써 한 달이 지났네요. 지금도 가끔 한국에서 있었던 일을 떠올려 보곤 한답니다. 선생님과 함께 서울의 이곳저곳을 찾아 다니며 구경했던 일, 다양한 한국음식을 맛 보았던 일 등, 하루하루가 새로운 경험으로 즐거웠었지요.

한국 방문이 처음이어서 여러가지로 걱정을 많이 했었는데 선생님께서 함께 해 주셔서 안심할 수 있었습니다. 진심으로 감사드립니다. 선생님 덕분에 평생 잊지 못할 좋은 추억을 만들었습니다. 다음에 기회가 된다면 일본에 꼭 한번 와 주십시오. 이번에는 제가 일본의 이곳저곳을 안내해 드리겠습니다.

추운 날씨가 계속되고 있습니다. 아무쪼록 감기 걸리시지 않도록 조심하시고 항상 몸 건강히 지내십시오.

20○○년 12월 3일

사카모토 유미 드림

⑤ 韓国語のローマ字表記法

❶ 母音 1

あ行

ㅏ	ㅓ	ㅗ	ㅜ	ㅡ	ㅣ	ㅐ	ㅔ
a	eo	o	u	eu	i	ae	e

や行

ㅑ	ㅕ	ㅛ	ㅠ		ㅒ	ㅖ
ya	yeo	yo	yu		yae	ye

❷ 子音 1

ㄱ	ㄴ	ㄷ	ㄹ	ㅁ	ㅂ	ㅅ	ㅇ	ㅈ	ㅊ	ㅋ	ㅌ	ㅍ	ㅎ
g	n	d	r	m	b	s	_	j	ch	k	t	p	h

＊「ㅇ」は 表記しません。

❸ 子音 2

パッチム

ㄱ	ㄴ	ㄷ	ㄹ	ㅁ	ㅂ	ㅅ	ㅇ	ㅈ	ㅊ	ㅋ	ㅌ	ㅍ	ㅎ
k	n	t	l	m	p	t	ng	t	t	k	t	p	t

❹ 母音 2

わ行

ㅘ	ㅙ	ㅚ	ㅝ	ㅞ	ㅟ
wa	wae	oe	wo	we	wi

二重母音

ㅢ
ui

❺ 子音 3

濃音

ㄲ	ㄸ	ㅃ	ㅆ	ㅉ
kk	tt	pp	ss	jj

書き方のポイント

❶ 固有名詞は頭文字を大文字で書く。

例 부산 Busan（釜山）

❷ 発音の変化が起こるときは、変化の結果にしたがって書く。

例 종로 Jongno（鐘路）
신라 Silla（新羅）
설악산 Soeraksan（雪嶽山）

＊ 但し、濃音化は表記に反映させない。

例 압구정 Apgujeong（狎鷗亭）
울산 Ulsan（蔚山）

❸ 人名は姓を先に、名を次に書き、分かち書きをする。

例 김민준 Kim Minjyun（キム ミンジュン）
한소연 Han Soyeon（ハン ソヨン）

❹ 行政単位および街

道	市	郡	區	邑	面	里	洞	街
도	시	군	구	읍	면	리	동	가
do	si	gun	gu	eup	myeon	ri	dong	ga

＊ 地名との間にハイフン(－)を入れて書きます。

例 제주도 Jejyu-do（濟州道）
안양시 Anyang-si（安養市）
강남구 Gangnam-gu（江南區）

ㄱ

가구[家具]	家具
가방	かばん
가수[歌手]	歌手
가위	はさみ
가족[家族]	家族
가짜[假-]	偽物
갈비	カルビ
개	犬
고기	肉
고추	唐辛子
곧	すぐに
공짜[空-]	ただ / 無料
공항[空港]	空港
과자[菓子]	お菓子
교과서[教科書]	教科書
교사[教師]	教師
교회[教會]	教会
구두	靴
귀	耳
귤	みかん
그릇	皿
기사[記事]	記事
기차[汽車]	汽車
기타	ギター
김치	キムチ

ㄲ

꽃	花
끝	終わり

ㄴ

나	私，俺
나라	国
나무	木
날씨	天気
남자[男子]	男
남편[男便]	夫
낮	昼
냉면[冷麵]	冷麺
노래	歌
노트	ノート
누구	誰
누나	姉(男性の立場で)
눈	目
뉴스	ニュース

ㄷ

다리	脚 / 橋
다리미	アイロン
덮밥	物
데이트	デート
도로[道路]	道路
도시[都市]	都市
돼지	豚
두부[豆腐]	豆腐

ㄸ

딸	娘
떡	もち

ㄹ

라디오	ラジオ
러시아	ロシア
리포트	レポート

ㅁ

마늘	ニンニク
마음	心
마이크	マイク
매너	マナー
매점[賣店]	売店
맥주[麥酒]	ビール
머리	頭
모자[帽子]	帽子
목	首
몸	体
무릎	ひざ
물	水
밑	下

ㅂ

바나나	バナナ

바다	海
바지	ズボン
밥	ご飯
방[房]	部屋
밭	畑
배	お腹 / 梨
배우[俳優]	俳優
배추	白菜
버스	バス
베개	枕
부모[父母]	父母
부부[夫婦]	夫婦
부엌	台所
비누	石
비디오	ビデオ
비싸다	高い
빛	光

ㅃ

빵	パン
뼈	骨

ㅅ

사과[沙果]	りんご
사랑	愛
사진[寫眞]	写真
산[山]	山
새우	エビ
샤워	シャワー
서울	ソウル
세계[世界]	世界
세수[洗手]	洗顔
소	牛
소리	音
소주[燒酒]	焼酎
손	手
수도[首都]	首都
숟가락	スプーン
숲	森
스웨터	セーター
스키	スキー
시간[時間]	時間
시계[時計]	時計
시장[市場]	市場

ㅆ

쓰레기	ゴミ
씨름	すもう

ㅇ

아가씨	お嬢さん
아까	さっき
아내	妻
아들	息子
아버지	お父さん
아빠	パパ
아이	子供
아저씨	おじさん
아파트	マンション
안내[案內]	案内
애인[愛人]	恋人
야구[野球]	野球
야채[野菜]	野菜
얘기	話
어깨	肩
어머니	お母さん
어제	昨日
언니	お姉さん（女性の立場で）
에어컨	エアコン
여유[餘裕]	余裕
여자[女子]	女
예매[豫賣]	前売り
오빠	兄（女性の立場で）
오이	きゅうり
오후[午後]	午後
온돌[溫突]	オンドル
옷	服
와인	ワイン
왜	なぜ
외교[外交]	外交
외국[外國]	外国
우리	私達
우유[牛乳]	牛乳
우주[宇宙]	宇宙

우표[郵票]	切手
원	ウォン(韓国の貨幣単位)
웨이터	ウェイター
위	上
유자[柚子]	柚子
의미[意味]	意味
의사[醫師]	医者
의자[椅子]	椅子
이유[理由]	理由
인터넷	インターネット
일본[日本]	日本
입	口

ㅈ

자켓	ジャケット
잡지[雜誌]	雑誌
젓가락	箸
조개	貝
주부[主婦]	主婦
주사[注射]	注射
주소[住所]	住所
주스	ジュース
주의[注意]	注意
쥐	ねずみ
지도[地圖]	地図
지하[地下]	地下
지하철[地下鐵]	地下鉄
진짜[眞-]	本物
집	家

ㅉ

찌개	鍋物

ㅊ

차[車]	車
책[冊]	本
초콜릿	チョコレート
최고[最高]	最高
취미[趣味]	趣味
치마	スカート
친구[親舊]	友達
침대[寢臺]	ベッド

ㅋ

카드	カード
카메라	カメラ
카페	カフェ
커피	コーヒー
케이크	ケーキ
코	鼻
코끼리	ゾウ

ㅌ

택시	タクシー
테니스	テニス
토마토	トマト
티비	テレビ
티슈	ティッシュ

ㅍ

팔	腕
편지[便紙]	手紙
포도[葡萄]	ぶどう
피아노	ピアノ

ㅎ

학교[學校]	学校
한국[韓國]	韓国
한글	ハングル
할머니	おばあさん
해	太陽
해외[海外]	海外
허리	腰
형[兄]	兄(男性の立場で)
호텔	ホテル
화장실[化粧室]	お手洗い
회[膾]	刺身
회사[會社]	会社
회의[會議]	会議
후배[後輩]	後輩
휴가[休暇]	休暇
휴지[休紙]	ちり紙
히읗	「ㅎ」の名

著者
■ 入佐信宏(いりさ のぶひろ)

一橋大学法学部卒業
韓国 ソウル大学校 国語教育学科卒業
同大学院修士課程単位取得
韓国 梨花女子大学校 言語教育院 講師
韓国 ＥＢＳ教育放送「ラジオ日本語会話」進行
現在 志學館大学 准教授
鹿児島韓国語スクール代表

nirisa@shigakukan.ac.jp

書き込み式
美しいハングル練習帳
―ハングルがきれいに書ける！―

2008年 10月 9日 初版発行

著　者｜入佐信宏
発　行｜株式会社 白帝社
発行者｜佐藤康夫
〒171-0014 東京都豊島区池袋 2-65-1
Tel. 03-3986-3271
Fax. 03-3986-3272(営) / 03-3986-8892(編)
http://www.hakuteisha.co.jp/

制　作｜株式会社 国際外国語評価院
崔鍾珉
大韓民国ソウル市江南区駅三洞 818-13 普賢 B/D 4F
Tel. 02-562-6969
Fax. 02-563-1866
http://www.jtra.co.kr
編　集｜崔貌美

Printed in Japan
ISBN 978-4-89174-897-5
* 定価はカバーに表示してあります。